L'histoir avant la naissance

Illustré par Sylvaine Pérols
Réalisé par Gallimard Jeunesse
et Sylvaine Pérols

GALLIMARD MES PREMIERES DÉCOUVERTES

Depuis que le monde est ce qu'il est, la nature a pour loi l'expansion des espèces et la conquête de l'espace…

Le mâle et la femelle
s'unissent
pour former
un couple
afin que la vie
se transmette.

Certains mâles se différencient des femelles par des caractéristiques physiques :

Pour se rencontrer, se reconnaître, s'accepter et s'unir, les animaux...

les bois, la crête, les ergots, le visage, les nageoires, les cornes, la barbichette, les mandibules, les couleurs, la crinière ou la taille…

… utilisent leurs cinq sens.

Ce papillon mâle émet un signal odorant...

L'odorat
rapproche
le mâle
et la femelle.

L'odorat...

... pour attirer la femelle.

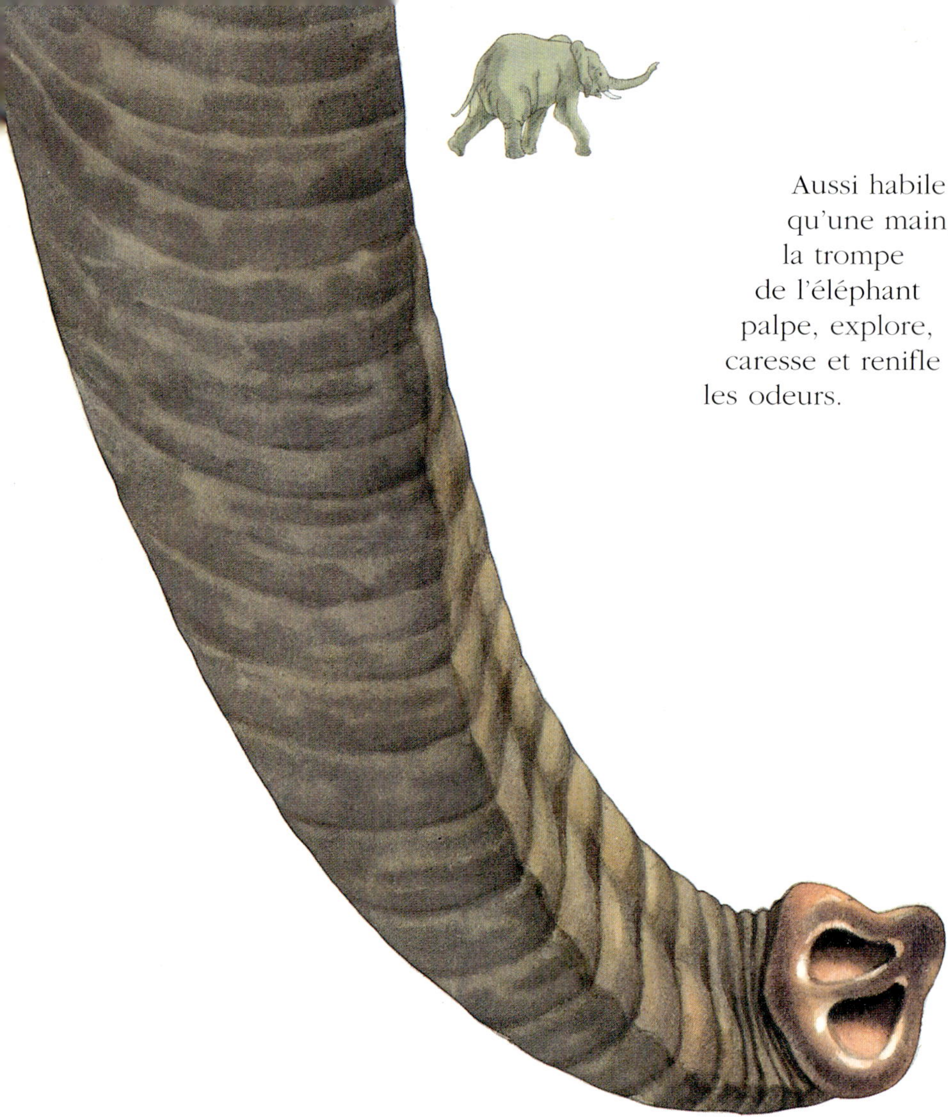

Aussi habile
qu'une main,
la trompe
de l'éléphant
palpe, explore,
caresse et renifle
les odeurs.

Le toucher…

Les caresses apaisent l'agressivité et la peur.

Le mâle et la femelle se touchent pour se reconnaître et s'accepter.

… ils bruissent, ils brament, ils chantent, ils coassent, ils grognent…

L'ouïe…

Le chant est un message d'appel
qui attire la femelle et l'aide à se diriger
vers le mâle de son espèce.

… ils ronflent, ils rugissent, ils grincent, ils bourdonnent, ils grésillent…

La vue…

Les habits et les danses de séduction permettent aux animaux d'une même espèce de se reconnaître.

… *ils* s'embrassent, ils se lèchent, ils se frottent…

Le goût…

… ils se bécotent, ils se mordillent et s'offrent des cadeaux.

Les perdrix mâles s'affrontent, ailes pendantes et cou gonflé, s'arrêtent et picorent des graines

Les zèbres se battent, à coups de pattes, se mordent la queue et les cuisses, ruent…

Les crotales mâles font semblant de se battre. Le vainqueur est celui qui réussit…

Les éléphants de mer se rassemblent sur les côtes et se battent pour…

Quand un congénère pénètre sur le territoire que l'hémicromis s'est choisi comme…

Les mâles des gazelles de Thompson s'affrontent, tournent en rond et se menacent.

Les crocodiles se toisent et sifflent agressivement. Celui qui réussit à maintenir…

À l'attaque, un mâle monte sur l'autre et lui assène des coups de bec sur le crâne. Le vaincu s'en va.

… jusqu'à la soumission de l'un des combattants.

Il faut se battre pour conquérir un territoire…

… à se placer sur le corps de son rival.

… établir leur territoire. Ils se constituent un harem de dix à vingt femelles.

… puis une femelle.

… parcelle nuptiale, il est prestement chassé : le combat peut durer des heures.

Ils s'accrochent par les cornes et essaient de se tordre le cou. Le plus faible prend la fuite.

… le museau de l'autre dans sa gueule est le vainqueur.

Pendant leur parade nuptiale, les aigles impériaux virevoltent en criant…

Au début de la saison des amours, les escargots sont tous mâles. Ils se rencontrent…

Le pigeon fait la cour à sa femelle en roucoulant, puis tous deux construisent leur nid.

Le chevreuil trotte derrière sa femelle en la reniflant. Le couple décrit ainsi de nombreux

Le mâle baleine à bosse poursuit sa femelle en soufflant jusqu'à ce qu'elle se couche sur le côté. Il tourne alors son ventre vers celui de sa compagne, puis tous deux…

Le couple de flamants s'unit pour la vie : cela peut durer cinquante ans !

… et réalisent d'étonnantes acrobaties aériennes. Ils forment un couple uni.

… s'accouplent et deviennent des femelles porteuses d'œufs.

Le mâle donne le lait de son jabot à la femelle, puis c'est l'accouplement.

… cercles autour des arbres : on dit que les empreintes laissées sont les "ronds des fées".

… piquent à la verticale, se dressent et s'accouplent.

Avant de s'accoupler, les animaux se font la cour.

L'épeire diadème risque sa vie en s'aventurant sur la toile de la femelle. Il imprime à la toile un balancement de reconnaissance et pénètre en multipliant les appels de pattes.

Le goéland argenté séduit sa femelle. Ils marchent côte à côte, se détournent…

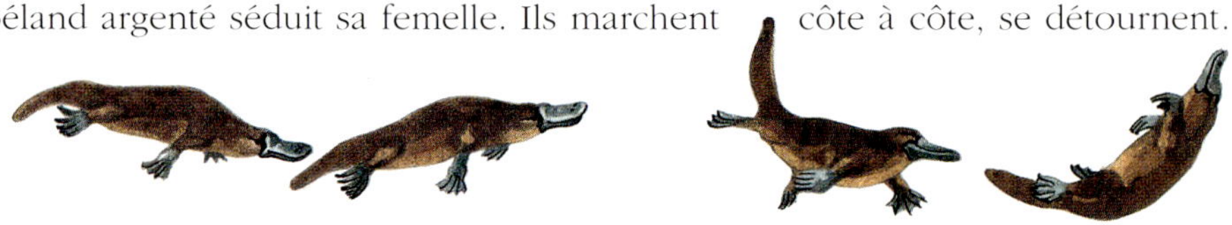

L'ornithorynque mâle danse dans l'eau avec sa compagne en lui mordillant…

Le couple oryx se toise. Ils se poussent du front en se prenant par les cornes…

La mouche scorpion mâle capture une proie et émet une odeur qui attire la femelle.

Pendant la saison des amours, le renard, la queue bien droite, suit longuement la femelle

Chez les éléphants, l'amour commence par une lutte à coups de trompe qui devient…

Le combattant siamois construit un nid de bulles d'air enrobées de bave, puis attire la femelle dans une très belle danse. À la fin, elle pond des œufs que le mâle fertilise…

… et finalement se saluent : c'est le début de la parade.

… la queue de temps en temps. Pour marquer la fin de la danse, ils se frottent le bec.

… jusqu'à ce que la femelle s'avoue vaincue.

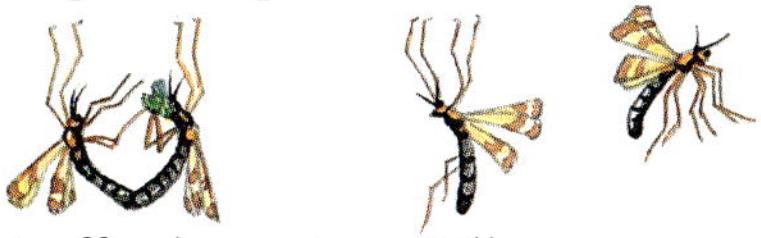

Il lui offre la proie qu'elle mangera pendant l'accouplement.

Les rituels de séduction diffèrent pour que les animaux ne se confondent pas et s'accouplent avec des individus de leur espèce.

Ils chassent et voyagent ainsi pendant plusieurs semaines avant l'accouplement.

… plus tendre jusqu'au regard dans les yeux. La lune de miel dure plusieurs jours.

… aussitôt et rassemble dans le nid. Il chasse alors la femelle et veille seul sur les œufs.

les albatros

les élans

le coq et la poule

les orangs-outans

les combattants siamois

les bouquetins

les cerfs-volants

le canard et la cane

la lionne et le lion

les papillons
monarques

les souris marsupiales

les écureuils terrestres

les chevreuils

les macaques

les tapirs

le renard et la renarde

les grillons

les escargots

les bandicoots

les castors

la laie et le sanglier

les grenouilles vertes

les dauphins

la tigresse et le tigre

les crotales

les albatros

les combattants siamois

les girafes

les cigognes

les serpents lianes

les oryx

les tritons des Pyrénées

les escargots

les éléphants

le lion et la lionne

les tourterelles

les manchots empereurs

le cerf et la biche

les sauterelles vertes

les baleines à bosse

les rossignols

les écrevisses

les grillons

les oiseaux de paradis

les grèbes huppés

les manchots d'Adélie

les combattants siamois

les frégates

les flamants roses

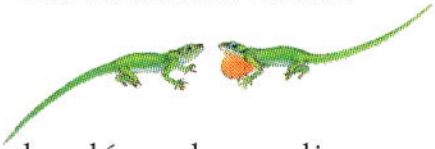
les lézards anolis

les vers luisants

les paradisiers bleus

les baleines à bosse

les escargots

les salamandres

les épinoches

les oryx

les albatros

les oiseaux combattants

les escargots

les rougegorges

les mouches scorpions

le lion et la lionne

les ornithorynques

les lézards verts

les chiens de prairie

les inséparables

les sternes

les albatros

les éléphants

Retrouve tous ces animaux dans les pages du livre.

Mes premières découvertes

Responsable éditoriale : Anne de Bouchony • Conseiller pédagogique : Philippe J. Dubois

ISBN : 2-07-051497-8

Dépôt légal : octobre 1997
Numéro d'édition : 82631
Imprimé en Italie par Editoriale Libraria
Loi n° 49-956 du 16 juillet 1949 sur les publications destinées à la jeunesse